Recorrido por la Vida

Jesica Sabrina Canto

Recorrido por La Vida

ENIGMA EDITORES

La escritura es un enigma
que aroma el salvaje misterio

Canto, Jesica Sabrina

Recorrido por la vida / Jesica Sabrina Canto. - 1a ed . -

CABA: Enigma Editores, 2019.

86 p. ; 21 x 14,8 cm

ISBN 978-987-4939-39-5

1. Poesía. I. Título.

CDD A863

Contacto con la autora:

jesicasabrinacanto@gmail.com

Edición y maquetación: Jesica Sabrina Canto

Diseño de portada: Alessandra Ferrazzano Pescara

Enigma Editores: www.enigmaeditores.com.ar

enigmaeditores@yahoo.com.ar

ISBN: 978-987-4939-39-5

Hecho el depósito que marca la ley 11.723

Un viaje de mil millas empieza con el primer paso.

Lao-Tsé

La poesía es imágenes y palabras,

las palabras son imágenes,

los materiales son todos

y los límites no existen.

1.

PESADO Y LIGERO

Recuerdo

El sol asoma en el horizonte,
la textura de la arena bajo los pies
y el agua del mar acariciándolos.
Los arbustos tapan las casas,
siguen ahí sin crecer ni marchitarse,
la caminata acostumbrada y el agachar la cabeza.
Miro hacia el frente y recuerdo tus palabras:
mirar adelante hace innecesario mirar a los pies.

Recuerdo nuestra última caminata por la arena,
no sé si a los nueve o diez. Pero tu voz,
el acento italiano
aún vive.

En la búsqueda

Anclado estás a este castillo
pero deambulas por las colinas
rumores, sobre ti, esparces
mas eres honrado y deseas la felicidad

te quedas en casa hablando con sombreros
te da miedo el mundo de afuera
alguien vendrá a hechizarte
y los temores ya no importarán

tu vida transcurre
sientes que vives de prestado
temes el final
el precio de tus acciones

a espantapájaros que se mueven temes
no das oportunidad
tu corazón alberga magia
pronto lo descubrirás

deja de pensar que no mereces
que el destino solo te permitirá
mediocridad

te esfuerzas por aprender
agradeces a quien te aceptó
tienes sueños y anhelos
pero temes a la bruja
temes a la maldición

lazos se fueron creando
sin pronunciar un sí
sin pronunciar un no
unidos están

el castillo se tambalea,
según el corazón
los paisajes pasan afuera
a gran velocidad

solo no podrás volver a amar
déjate ayudar

el silencio temido
lo que no se puede decir
se tiene que descubrir

Aquel patio de antaño

piso rugoso con granos negros y blancos
mesa y bancos circulares de mosaicos
los extractores que zumban desde la propiedad de abajo
plantas en macetas, plantas verdes y violetas
de hojas carnosas que chorean sabia al cortarlas
el cuartito del fondo con vidrio en la puerta de madera
blanca
más puertas que rodean el patio
junto con la pared salpicada de piedritas
marrones tornasoladas
hace tiempo ya
cuatro mujeres jugaban a la canasta en ese patio
sentadas a la mesa de mosaicos
el té humea en las tazas
las cartas se sacan de su estuche de tela
y se reparten sin revolearlas
los vestidos y camisas las cubren hasta el cuello
con estampados florales con botones llamativos
dos pajaritos las miran desde una jaula
junto al lavadero

están solas en la casa
los maridos juegan póker en el club
casi están solas
una nena arma un rompecabezas de Blancanieves
tiene siete años
la imagen desarticulada en cien piezas
las encastra de a una sobre una mesita rectangular
de desayuno
se fija en los colores de los bordes para ubicarlas
sin ensayo y error
la tarde es plácida
los rayos del sol chocan contra la escalera a la terraza
los pajaritos son canarios, uno celeste, uno verde
los extractores zumban
abajo hay un banco que supo ser una carpintería
todo en esa casa, todo lo que es de madera
fue hecho con las manos de quien vive allí
por esa época
la mesa de mosaicos le da color al patio
los jazmines le dan vida
pasaron los años
las plantas siguen en sus macetas floreciendo
en temporada

la niña creció
las mujeres murieron
las paredes resisten, no quieren ser demolidas
las paredes recuerdan
y sonríen.

En la briza del prado

Un prado de hierbas donde silba el agua de un río
Se mecen raramente de las ramas retazos
De oro; donde los rayos de la alta colina
Muestra: diminuto sembrado rebosante luz.
Un hombre de uniforme, de corta edad, calvo.
El cuello bruñido en la briza ondeante celeste,
Descansa; está recostado en el pasto, bajo nubes,
Pálido en su calma siesta, donde lo inunda el sol.

Los pies en los lirios, descansa. Alegre como
Se alegraría un padeciente, medita viendo.
Prado, acúnalo con calidez: padece frío.

Ahora no le provocan cosquillas los aromas;
Descansa en el prado, la palma en el corazón,
Calmo. Tiene dos manchas rojas junto a un costado.

Un hueco en la pared

El muñeco sentado en su silla,
tétrico, rodeado de oscuridad,
unas cintas impiden el paso,
y cartelitos sobre el metal
en los pisos inferiores.
Hace años ya que aquello dejó de moverse.
Hace años ya que subir es agotador.
El muñeco está encerrado allí
en su aire de teatralidad.

2.
ABSOLUTO Y RELATIVO

Sueña la luna

el día está calmo como la luna
que duerme mecida por el mar
en el fondo del océano de corales
protegida por seres ancestrales
sueña con estrellas fugaces
los peces le cantan nanas
el agua le acaricia el rostro
tiembla la luna mientras sueña
que el sol la está por despertar
su corazón de roca late
anhelando aquel beso de fuego
tan lejano en el tiempo
desde el principio del universo
sueña con estrellas fugaces
protegida por seres ancestrales
en el fondo del océano de corales
duerme la luna mecida por el mar
en la calma del día

Sonrisa sin dientes

Manta de colores
sobre la cual ríes,
con sus rectángulos de texturas
experimentas el tacto,
ríes y mueves tus bracitos pequeños,
juegas,
me obsequias tu sonrisa sin dientes.

Cuatro por cuatro
rectángulos de colores,
ilustraciones texturizadas,
animales en la tela,
cuatro meses de edad
y la sonrisa más bella.

Lluvia

Al amparo de los árboles
mis emociones se liberan
como lluvia en la madrugada

Un pichón sin pelo

Mamá va a mirarme decepcionada otra vez.
Corro al patio y subo a la terraza.
Ella nunca sube,
siempre cansada.

Un pichón sin pelo, la piel translúcida.
Vi sus venas y huesitos.
Miraba hacia arriba con su pico abierto.

Risas bajitas

Cubos desparramados
sobre nuevas baldosas
arrojados por manos
pequeñas, pequeñitas

dedos que juegan
entre risas bajitas
que golpean la madera
donde todo está en calma

un cuerpo diminuto
que no sabe de jefes
malhumorados ni
de viajar apretado

maravilla del mundo
recuerdos, que se quedan,
del tiempo que pasamos
presencias, estas, llenan
todo, el universo

3.
ENTENDIÉNDOME

El agua

El agua cae,
camuflando las gotas saladas,

relaja mis músculos,
mi cuello gira y se curva.
El agua cae,
barriendo el día,

desentumece mis hombros,
mis ojos se abren y se cierran.
El agua cae,
me golpea la espalda,

hundiéndome en su neblina vaporosa,
mi mano se posa sobre el grifo y se niega
a cerrarlo.

Estos seres extraños

¡Míralos, corazón mío; son seres repugnantes!
Similares a estatuas; levemente irónicos;
Trágicos, individuales como los androides;
Poniendo, en lo desconocido, sus mentes.

Sus miradas, lugar de donde la vida se ha ido.
Como observando la lejanía, se quedan dormidos
Hacia la nada; inexistentes hacia abajo
Mover ilusionados su mente quemada.

Traspasan así la rigidez infinita,
Este compañero de la paz constante.
A la vez que al lado nuestro, entonas, ríes y gritas,
Aferrada al goce, hasta lo macabro,
¿Ve? ¿Me deslizo igual? Aunque, peor, frustrado,
Interrogo: ¿qué buscan hacia arriba, estos seres?

Fantasmas

I. Almohadas gigantes

Voy a salir de casa
una almohada se interpone
una almohada que no deja de crecer
que se reproduce
cinco almohadas gigantes tapan la puerta
cinco almohadas siguen creciendo
y se reproducen
corro a la habitación
corro, pero ya me alcanzan
¡hay muchas! ¡me van a aplastar!

II. Bancos movedizos

Voy a empezar el examen
el banco se interpone
el banco que no deja de moverse
y se desplaza por toda el aula

todos los bancos se mueven
todos los bancos se desplazan
y se chocan entre sí
intento escribir
intento marcar la respuesta
¡solo garabatos! ¡voy a reprobar!

III. Tela expansiva

Voy entrando al altar
el vestido se interpone
el vestido no deja de enredarse
y repta por mis piernas
la tela del vestido se expande
tapa mi vista
y me deja encapsulada
ruedo por las escaleras
ruedo pero mi voz no atraviesa la tela
¡me quedo soltera! ¡eternamente soltera!

Transcurrir

Toca mi mano, no es suficiente
ríe, esfuérzate, enamórate
ama, revélate, sueña, crece
toca mi mano, no es suficiente
este Soy Yo
llorando, riendo, amando
escóndete, huye, ruega
temeroso
decepcionado
ilusionado
sigue adelante

Al Oráculo

¿Cómo transmiten las emociones
mis palabras
puestas en el papel?

¿Cuánto aportan mis obras
a la comprensión del ser humano,
de sí mismo y el mundo?

¿En qué medida logran
cobrar vida
estas palabras escritas en mis textos?

¿Qué pasaría con mi alma
si dejara, alguna vez,
de escribir?

¿Cuál camino es el que sigo,
un sendero ya delineado o
uno que marcan por primera vez mis pasos?

¿Qué tan grande será el precio
por el sueño de ver
en las manos de otros mis letras?

¿Qué posibilidades hay de quedarme
yo sin temas,
con la mente en blanco?

¿Qué dirección debo seguir
para vencer mi inquietud
por la obra sin terminar?

¿Qué ocurrirá el día de mi muerte
con todo lo que tengo
por expresar?

¿Cuán arrogante he de ser
para creerme merecedora
de halagos por mi obra?

4.
PALABRAS Y ACTOS

Recorrido

Viaje en colectivo
a la facultad
Libros y apuntes amontonados
sobre la mesa un domingo
Subrayados, resaltados y anotaciones
a los márgenes
Sacrificio

Hermanas

Fuiste mala conmigo,
me decís a veces,
riendo.

Te pago las clases de baile, te invito al cine,
te voy a buscar en auto, te ayudo a ordenar.

Cuatro años y medio de distancia,
y sí, fuiste mi juguete. ¿Por qué?
Me pregunto por qué
¿envidia? ¿celos?

No tiene sentido, si te quería.

Capaz era solo que:
Quería quedarme con todas las cucharas de colores
y entonces te inventé
que el "chico de las cucharas" las robaba por la noche.

Capaz era solo que:

Eras la mas chica, cuando jugábamos con las vecinas,
la única que entraba en la caja
armada de aquella alfombra encastrable de goma.

Capaz era solo que:
Al ser la mayor yo tenía más derecho al control remoto,
vos quisiste sacármelo y con un leve empujón
te caíste de la cama de mamá.

Capaz era solo que:
Eras demasiado petisa
para alcanzar el escondite de los caramelos.

Anhelo de libertad

Y otra vez.
Se va a la mañana, vuelve a la tarde.
No habla, no responde.
Ordena y deambula.
"¿qué te pasa?"
"Nada"
Sí, ya empezamos.
Por qué carajo esta vez.
Que conmigo es imposible.
De la nada, siempre de la nada.
¿Existe la bola de cristal?
Me pregunto y pagaría millones.
Vivir en paz, jamás.

Intento razonar y eso es irracional.
"¿Qué te hice?"
"No me hagas hablar"
Pero no sé qué carajo te rayó esta vez.

Juventud

Pecado hermoso
Moviendo ramas, libertad del viento
Hermoso caos, tan peligroso
Desolación del espíritu
Rechazo y permanencia
Símbolos de emociones
Veneración, inspiración
Cuerpo mutante
En la rareza del conocimiento
Belleza y crueldad
Independencia

Pisar con pies descalzos

En las cálidas tardes celestes caminaré,
rozando los pastos, pisando con pies descalzos:
soñador, su frescura en la piel
sentiré.
Permitiré que la briza acaricie mi mente.

Callaré mis palabras y vaciaré mis ideas,
pero mi sangre viva recorrerá mis venas,
y correré por los senderos libre como ave,
por la Tierra, alegre como viejos sueños.

5.
VALORAR LA AUSENCIA

Temor abstracto

Cae la lluvia
sobre el techo de acrílico,
un temor abstracto
que se mece con la espera.

Fueron lágrimas y no risas

Las lágrimas fueron muchas.
Eran la canilla abierta cuando no había nadie,
el picar cebolla frente a las visitas,
eran mi culpa, mi tontería.
Risas no hubo, solo en los
actores de la pantalla escuché,
mal me hacía, tu frialdad
selectiva. Era la mucama
con sus tareas domésticas,
y el peón. Y el juguete
de algunas noches.

Mundos escritos

Vida
entre páginas
caminos posibles
subterráneos
dudas
emociones
instantes
preguntas
casualidades
la lectura.

Silenciosa compañía

En silencio
se acurruca en el piso
al lado de mi silla.

En silencio
pone su hocico
sobre mi pierna.

En silencio
cierra los ojos
se entrega a mi caricia.

Re-escribirte

Escribirte una carta para
pensar
que quizás sí, dándote un motivo vendrás un
sábado a la tarde.
Voy a borrar tus mails y tus llamadas para
pensar
que quizás dejes un mensaje nuevo.
Voy a escribirte poesía
para que no descifres mis palabras.
Voy a recitarte a Rilke mientras te estés
duchando
Y deleitarme con tu cuerpo.
Voy a buscar un verso tuyo en tus
cuadernos viejos
y repetirlo en cuarenta páginas.
Voy a guardar tus hojas de oficina para que
vuelvas
a buscarlas aunque no quieras.
Voy a amar a alguien más
para olvidarte.

Pero hasta que lo encuentre
voy a intentar leer
en tus cartas viejas, entre tus fotos,
como un cachorro quiere enterrarse en la ropa
llena de tu olor.

6.
DESAPRENDER A APRENDER

El que fui y el que soy

Quien es este a quien veo en el agua
Quien es este al que no recuerdo
Quien es este que no reconozco
Quien es este que me habla

Es una grabación olvidada
Es un reflejo en el espejo
Es una foto de antaño
Es un fragmento de una vida

Un momento del pasado
Un momento del ahora
Un momento del futuro

Un día de tristeza
Un día de recordarme
Un día de felicidad

La Lucila del Mar

Estoy junto a la puerta con mi mochila.
En esa esquina de llegar y marcharse.
Paseo, sin apuro, la vista.

El tiempo corre a otro ritmo, mutación anhelada.
Relaja mi mente el pueblo impregnado de mar.

Cruzo la calle y atravieso la plaza.
El tobogán gigante disminuyó su altura
y creció del suelo una calesita de madera multicolor.
A pocos pasos los restos de la cancha de bochas,
miraba allí a mi nono jugar por las tardes.
Pinos y álamos dan fresco en el verano acuciante.
Horas y horas en otro tiempo
recogiendo piñones para el bizcochuelo de la tarde.
Renace el impulso de trepar al mástil,
tubo de metal que acaricia las copas de los árboles.
Silencio de la noche, susurros
de las olas.
Allí el reloj deja de hacer tic-tac.

El largo zaguán, refleja el tiempo de mi ausencia.
La enredadera se cuela por la medianera,
amontonamiento de yuyos y hojas secas.
Otras puertas, mosquiteros y alacenas
fueron remplazando a las que nacieron con la casa.

Las paredes y las baldosas me envuelven
con el calor de lo conocido.
Muebles hechos por manos arrugadas
que me cargaban de pequeña.
Las sabanas, las mismas,
con sus flores rojas desgastadas, me acunan.
La casa me arropa con su aroma.

Recuerdos:
la radio casetera,
el reloj de pared.
Acaricio la madera de las puertas corredizas
de la cocina.
Sensaciones solo mías.

Mis pies recorren las calles.

Es noviembre,
la paz aún perdura.
Los perros son los dueños del lugar.

Es noviembre,
pocos son los autos que transitan.

El mar bajando, la arena oscureciéndose
hacia la orilla.
Mis pies tocan el agua.
Agujeritos de las almejas en la arena,
viene el resquicio de la ola y las saca a la superficie.
Miedo tenía, de pequeña
a esas lengüetas que se asoman entre las conchas.

El viento sopla, el mar.
Las barandas blancas del muelle,
anchas columnas de madera maciza.
Recuerdos.

Contemplar el amanecer:
los primeros rayos del sol reflejándose sobre el mar,
la calidez en aumento luego de la hora más fría.

Grandes médanos y arbustos borran
las construcciones de la vista.
Son un reparo de los vientos,
allí nos resguardamos cuando aún queda sol
para disfrutar.

Contemplación

El hombro y el antebrazo contra la pared
el hombre, de cara al mar,
con el torso inclinado.
Cuerpo inmóvil
estatua humana.
El agua acaricia la orilla
un bote solitario
en esa playa.
La arena pisoteada,
un arbusto que se asoma,
la entrada estrecha
dice hacia dónde mirar.

Una parada en el camino

Pienso que sé de quién son estas pisadas.
Sé en qué ciudad, en que casa vive
sin embargo, hago un alto y miro las huellas
mis huellas, un momento para ver
mis pisadas, mi vida, el tiempo hasta ahora transcurrido
mientras el agua las va borrando
al igual que mi mente.

Por un sendero

Expresar el sentir, en un lugar, estático ante la dificultad. Sonidos antiguos, sombras que permanecen, de palabras enredadas. Un eco interno que da voz a deseos y temores, hasta el camino de creer en la posibilidad.
Lugares y despertares que registraron mis pupilas: artistas, obras y preguntas arman una urdimbre melódica que me da un propósito.
De la sorpresa, admiración y disfrute han nacido estas líneas que he escrito.
Espero que alguna de mis frases abra una puerta.

7.
ROMPECABEZAS DEL ERROR

Florecer en el ocaso

Estás al frente del hogar a leña
Recorres las calles con tu bastón
Habla la gente sobre ti, rumorean
En tu vejez está la felicidad

En casa te miras en el espejo
La hora llega, pero, es distante
Recuerdas esos temores pasados
En aquella época de incertidumbre

Pasó, el tiempo
Pasaron, los años
La vida te da días de calendario
Veloces o despacio transcurrieron
Balances mental haces para saber
A qué punto cardinal te enviarán

Tu cuerpo sirvió para tus anhelos
Descubres en el ayer tus errores
Y te perdonas por haber vivido

Llegó el momento de la tranquilidad
Ese momento de aspiraciones
Quedó atrás enterrado en un cuaderno

A quienes amaste no has olvidado
Novios, amigos, primos y vecinos
Compañeros del camino, andado
Perdidos en las curvas del destino

El tiempo ha dictado, un sendero
Con piedras y flores intercaladas
Con puentes y pozos para atravesar
Con lágrimas y risas sin elegir

Promesas duraderas, se hicieron
Más promesas frágiles, se rompieron
Promesas del cristal más transparente
Promesas como los robles antiguos

Sentir

Querían ayudarme,
querían curarme,
tenían esa intención o
era lo que debían

no lo sé.

La concepción que tienen es vacía
y su condición sin vida.
Nunca fui como ustedes,
traté de serlo

no fue posible.

Me marcho

Intentaré encontrarme

Metamorfosis

Incertidumbre entera me recorre
recorre mis venas muertas
abraza mi cuerpo en la hoguera

Es la transmutación de mi cuerpo
perdido entre el amanecer y el ocaso
incertidumbre entera me recorre

Cambia el agua cuando llueve
el frío transforma el lago en hielo
abraza mi cuerpo en la hoguera

Las plantas florecen
las hojas de los árboles se marchitan
incertidumbre entera me recorre
abraza mi cuerpo en la hoguera

A su tiempo

Las hojas verdes
alzadas sobre un manto celeste
las observo por los resquicios.
El color me despierta la tentación, atracción
fomenta la desobediencia
me resisto al encierro inerte
de las paredes.

El viento las mece con su soplo
ellas sienten su caricia
la envidia me recorre
exhalando un anhelo furioso.
El árbol cuida a sus pequeñas
las deja marchar a su tiempo
imposible para a mí recorrer otro camino.
Temple fuerte el del árbol
crece, deja crecer.

A su tiempo
las pesadas cortinas negras caerán.

Paz

Echada panza arriba
toma sol en la arena
con orejas atentas
rosada lengua afuera
asoma entre sus dientes

día cálido, calma
agua, sol, arena, mar
hocico, lengua, colmillos

y descansa después de
jugar, correr, saltar

Índice

4. *Palabras y actos*

5. *Valorar la ausencia*

6. *Desaprender a aprender*

7. *Rompecabezas del error*

E-mail:
jesicasabrinacanto@gmail.com

Web:
jesicasabrinacanto.wixsite.com/sitio

Facebook e Instagram:
Jesica Sabrina Canto

www.ingramcontent.com/pod-product-compliance
Ingram Content Group UK Ltd.
Pitfield, Milton Keynes, MK11 3LW, UK
UKHW041850190726
13854UKWH00002B/805